AF601218

LIBERTÉ. — ÉGALITÉ. — FRATERNITÉ

G.·. O.·. DE FRANCE

CONVENT DE 1899

L.·. LES VRAIS EXPERTS

O.·. de Paris, constituée le 15 Août 1787.

A propos de la question soumise à l'étude des Loges :

RÉFORME DE L'ENSEIGNEMENT

Propositions présentées par la **L.·. Les Vrais Experts.**

Considérations générales. — La question « Réforme de l'Enseignement, » renvoyée à l'étude des L.·., est d'une importance capitale.

Ne peut-on craindre qu'un pareil sujet, qu'il faut envisager à tant de points de vue : social, politique, pédagogique, etc., qui touche à toutes les subdivisions et variétés, qui va de l'école maternelle au Collège de France, qui n'a de bornes en somme que les limites mêmes des connaissances humaines, ne puisse être traité suffisamment dans les quelques jours consacrés à l'assemblée générale de septembre prochain ? Aussi décidons-nous de nous attacher plus spécialement à l'une des parties de cet immense sujet, à la partie la plus nouvelle, la plus délaissée jusqu'ici, à celle sur laquelle un énergique effort doit actuellement porter : l'enseignement des adolescents et des adultes.

Cependant avant d'entrer dans notre sujet pour n'en plus sortir, quelques considérations d'ordre général sont nécessaires à exposer à grands traits.

Telle est celle du monopole exclusif de l'État en matière d'enseignement.

Monopole de l'État.—En décrétant l'instruction gratuite et obligatoire, l'État par cela même s'impose de la donner. Il faut donc qu'il ait ses écoles, cela va sans dire.

Mais peut-on, de par la force et les lois, enlever au père de famille le droit de faire instruire ou d'instruire lui-même ses enfants, à sa volonté, du moment qu'il observe le devoir fondamental de leur donner suffisante nourriture matérielle et saine nourriture intellectuelle et morale, sous le contrôle et la surveillance des lois ?

Hors l'État pas de salut en matière d'enseignement et hors l'Église pas de salut se ressemblent, et sont deux formules aussi dangereuses l'une que l'autre pour la liberté de la conscience humaine et le développement du libre arbitre. Quoi! plus de liberté dans la recherche des méthodes, des procédés nouveaux, plus d'esprit d'initiative, d'originalité ; c'est l'enseignement rétrograde si l'État est rétrograde !

Qu'on nous permette un souvenir. Dans une ville à tendances réactionnaires, les jeunes enfants qu'un père de famille républicain instruisait chez lui, avaient été, par application de la loi scolaire, appelés à la mairie pour justifier de leur instruction ; or, ces enfants ne savaient pas écrire. Leur père menacé de poursuites, mis en demeure d'envoyer à l'école communale ses enfants, exposa que son système d'instruction ne comportait, jusqu'à un certain âge, qu'une instruction orale et qu'il y avait danger à son avis à courber trop tôt de jeunes poitrines sur un pupitre. Ses enfants ne savaient pas encore écrire, mais par contre ils parlaient, outre leur langue maternelle, l'allemand et l'anglais. Avec juste raison, en haut lieu, on ne voulut pas des poursuites contre ce père de famille, mais peu s'en fallut. Sa méthode est-elle meilleure que celle de l'État, vaut-elle moins? Ne tranchons pas la question, montrons simplement par cet exemple combien il serait tyrannique d'entraver la liberté du père de famille, d'empêcher les essais de méthodes, de contraindre tout le monde à une seule épellation de l'alphabet, à une écriture officielle plus ou moins anglaise, plus ou moins penchée, à une seule et unique forme d'enseignement.

Au contraire, il faut désirer que l'instruction soit donnée le plus possible et le plus longtemps possible dans la famille. Les parents doivent être encouragés à instruire leurs enfants ; les instruire dès le jeune âge, c'est se préparer mieux à s'intéresser, et de plus près, à leurs études ultérieures ; c'est

joindre à l'ascendant naturel que les parents ont sur l'enfant l'ascendant du maître ; l'enfant respecte davantage celui qui sait, celui qui l'instruit.

En France, où, à l'encontre des pays protestants, l'instruction du peuple s'est répandue si tard, si difficilement, comme dans tous les pays soumis au catholicisme; où la monarchie et l'empire ont habitué le cerveau à une obéissance passive, quasi-militaire, il faut au contraire ne pas décourager l'esprit d'initiative ; il faut que la nation s'intéresse de plus en plus à l'instruction et à l'éducation de ses enfants, qu'elle sache que ce ne sont pas questions au-dessus d'elle, qu'elle ne croie pas que c'est le privilège d'une caste, d'une oligarchie, que c'est chose mystérieuse, au-dessus de son entendement.

D'autre part, l'État offre-t-il même à présent toute garantie au point de vue de la neutralité religieuse ou métaphysique ? N'a-t-il pas eu, n'a-t-il pas encore, des tendances spiritualistes ? L'État qui devrait être neutre, qui en a la ferme intention à l'école primaire, n'a-t-il pas un aumônier au lycée, n'avons-nous pas toujours une religion, un culte plus officiel que les autres ? Et le budget n'entretient-il pas, inconséquence grave, dans des locaux nationaux, une certaine éducation dirigée trop souvent contre les idées de pensée indépendante que nous devons aux grands philosophes et à la Révolution française ?

Où s'arrêterait ce monopole de l'État ? Pourquoi se limiterait-il à une partie de l'enseignement ? Pourquoi ne monopoliserait-il pas jusqu'à l'enseignement professionnel ? Que l'État ait ses écoles professionnelles, modèles, certes ; mais dans l'intérêt de tous, et dans le sien par conséquent, il doit s'en tenir là. Créera-t-il une école pour chaque corps de métier ? Va-t-il préparer les jeunes gens à une profession qui ne pourra les faire vivre, qui, dans quelques années, par suite d'une invention, aura disparu ? Non, là encore, pas de monopole exclusif de l'État.

Donc, à notre avis, la Réforme de l'enseignement ne doit pas avoir pour objet de rendre plus exclusif, plus absolu le monopole de l'État en matière d'enseignement.

Nous nous expliquerons davantage sur un point. On est actuellement très préoccupé de la situation de notre enseignement secondaire. On s'ingénie à trouver des moyens pour faire venir dans nos lycées ou collèges, de gré ou de force, les fils de nos compatriotes hostiles à l'instruction qui y est donnée. Cette situation contre laquelle il est difficile de réagir, cette résistance ne sont que le reflet des opinions arrêtées d'une certaine classe de la société. Jadis voltairienne, elle se contentait d'une religion pour le peuple ; aujourd'hui elle est revenue à récipiscence ; ses conseils intéressés n'étant plus assez écoutés, elle a cru qu'il fallait faire plus, prêcher d'exemple, passer des paroles aux actes.

N'y a-t-il pas aussi chez elle la crainte du contact de ses enfants avec les boursiers et les exemptés de droits universitaires, enfants du peuple ou de petites gens? Quoi qu'il en soit, il faut constater que la concurrence faite aux établissements de l'État est sérieuse.

Que l'État entende ne donner ses diplômes qui confèrent priviléges ou emplois que sous certaines conditions, cela le regarde. Qu'un gouvernement républicain impose à ses fonctionnaires des preuves de républicanisme et de républicanisme persistant, quoi de mieux! Mais cette question des fonctionnaires et celle de l'enseignement sont d'ordre tout différent.

Oui, nous réclamons pour chacun de nous la liberté de s'instruire et d'instruire à son gré, moyennant certaines conditions de savoir et de moralité nécessaires ; mais il n'est pas possible d'admettre l'autorisation d'enseigner pour ceux qui s'associent pour se mettre de leur propre consentement en dehors des conditions sociales et des lois naturelles, qui esquivent volontairement les charges qui pèsent sur tout citoyen, les charges de l'impôt et les charges de la famille. Le premier devoir d'un éducateur est de connaître, autant que possible, physiologiquement et psychologiquement l'enfant, de pouvoir le suivre dans son évolution physique et mentale, et il ne peut être accepté que l'éducateur se mette volontairement dans des conditions à ne pas avoir d'enfants, qu'il s'astreigne à des vœux contre nature. La société qui repose sur la perpétuité de l'espèce, sur le progrès intellectuel, sur le développement de la famille, sur l'égalité des charges, ne peut donner l'autorisation d'enseigner à toute association ou organisation reposant sur des bases contraires à ces grands principes vitaux. Pas d'équivoque possible. Donc, sur ce point, réforme nécessaire dans nos lois.

Bourses, exemptions. — La R.·. L.·. « Le Réveil de l'Yonne » appelle notre attention sur un autre point : une extension du nombre des bourses, et nous ajouterons des exemptions universitaires, est en effet à souhaiter. La démocratie a le devoir de se former une élite pour maintenir les principes du savoir indépendant, positif, exact ; une élite qui doit voir, comme on l'a dit, par l'éducation qu'on lui donnera, plus loin que son propre intérêt et que sa propre vie. L'attribution des bourses et exemptions doit être faite nécessairement après une sélection rigoureuse ; une instruction primaire déjà solide est à exiger des candidats. La question est double, car il faut aussi songer à ne pas priver par exemple les campagnes de toute leur force active, intelligente. Il s'agit, non d'accroître le nombre des déclassés, mais de former des jeunes gens qui, au besoin, seront tout prêts à reprendre sans fausse honte l'emploi paternel, à rapporter au village la science acquise à la ville.

Réformes dans l'instruction primaire. — Faut-il réformer notre enseignement primaire proprement dit ? Cet enseignement le plus important, doit-il être modifié ? Gagnerions-nous au changement ? Quel serait-il ? S'y a des faiblesses, portons-y remède, mais n'ébranlons pas la base de l'édifice républicain laïque.

Le certificat d'études primaires apparaît trop comme le but de l'enseignement, comme le couronnement des études, ou bien les maîtres sont parfois enserrés dans des programmes trop étroits. On a proposé aussi de subdiviser autrement les matières enseignées, mais ce sont des questions d'ordre pédagogique que nous sommes décidés à ne pas soulever pour pouvoir borner notre sujet.

Un point faible, c'est, en maints endroits, la non application de l'obligation scolaire. Nous avons inscrit dans nos programmes l'instruction obligatoire, mais c'est la fréquentation effective qui laisse à désirer. Cela tient-il à la faiblesse calculée, à l'indulgence volontaire des commissions scolaires, ou à l'indifférence des parents? Les deux causes sont vraies, ce n'est qu'à la longue qu'on réagira contre la seconde et nous en parlerons plus loin ; quant à la première touchant la composition et le fonctionnement des commissions scolaires, c'est un point de réformé à signaler.

En somme, l'organisation de notre enseignement primaire est à maintenir, et surtout à renforcer.

Et nous voilà au vif de notre sujet.

Continuation de l'enseignement primaire. — Notre enseignement primaire a un grave défaut pour une démocratie, c'est qu'il s'arrête trop tôt. Au sortir de l'école, la masse de la nation est pour ainsi dire abandonnée à elle-même. Les privilégiés vont aux écoles primaires supérieures ou professionnelles, ou encore aux cours du jour complémentaires professionnels que, par exemple, la Ville de Paris, si bien inspirée, vient d'établir ; tandis que, pour la majorité, l'enseignement s'arrête quand il devrait être continué. C'est à l'âge où l'enfant a le plus besoin d'éducation, c'est à l'âge où le fils de la bourgeoisie est le plus entouré d'un atmosphère sereine intellectuelle et éducatrice, que de son côté l'enfant du peuple est livré aux séductions les plus dangereuses. C'est à douze ou treize ans, lorsque l'intelligence se forme, qu'il se trouve sans guide, sans soutien, le plus souvent.

N'a-t-on rien fait, ne fait-on rien pour parer à cette faiblesse, à cette insuffisance de notre organisation scolaire et sociale ? Si, depuis longtemps, des hommes se sont dévoués à cette tâche. Actuellement même nous assistons à un magnifique essor qui ne peut être que fécond : création de sociétés d'anciens élèves, de patronages, de mutualités, ouverture de cours d'adultes, de conférences, de lectures de tous genres. C'est un superbe mouvement, inspiré par les intentions les meilleures, pourtant à portée lointaine dans ses résultats, touffu, divergent quelque peu. Les semailles sont faites, les champs à perte de vue sont ensemencés, quelle sera dans vingt ans la moisson ?

Déperdition du savoir. — Nous avons dit qu'il était désirable d'accroître en nombre l'élite de la nation en augmentant le nombre des bourses et des exemptions universitaires; mais combien il est plus impérativement nécessaire de diminuer, sans retard, le nombre des ignorants, des illettrés ou des soi-disant lettrés. L'élite conduira le reste, dit-on ; or dans un pays de suffrage universel, ce n'est pas ainsi qu'il faut raisonner ; ne risquez-vous pas en laissant la masse trop ignorante de voir submerger cette élite sous des votes inconscients ? Ce qu'il faut dans une démocratie, c'est augmenter le savoir de la masse de la nation, c'est accroître la capacité intellectuelle du suffrage universel, et le meilleur moyen c'est, après avoir donné l'instruction primaire, de la continuer, et tout d'abord d'empêcher la déperdition des forces morales et intellectuelles, déperdition qui se produit forcément de treize à vingt ans pour ceux qui ne passent par aucune école, ni par aucun cours d'adultes ; et ceux-là qui ne participent à aucun moyen d'enseignement, sont la majorité. C'est à eux que nous devons penser, ils sont, comme les autres, les futurs directeurs de la nation, les futurs électeurs ! C'est là une question vitale pour notre démocratie, comme nous l'écrivions déjà en 1885 ! C'est là une réforme nécessaire ! A nous de dire maintenant comment nous la concevons, de dire si nous avons des moyens à proposer, pratiquement réalisables. Quitte à passer pour avoir courte vue, nous dirons qu'en toute chose il faut envisager la possibilité de l'application. Les théories sont bonnes ; elles deviennent dangereuses lorsqu'elles font luire des espoirs irréalisables et n'amènent que des déceptions.

La difficulté de résoudre la question de l'enseignement des adolescents ou des adultes ne repose pas précisément dans le choix de l'enseignement à donner, dans la subdivision des matières ; elle réside dans *l'inertie*, dans *l'indifférence* de ceux qui ont le plus pressant besoin de suivre les cours.

Dans les villes et dans certaines campagnes, vous trouverez une jeunesse studieuse se rendant aux cours du soir, professionnels ou autres. Cette jeunesse est une élite, mais combien compte-elle sur l'ensemble ? On a dit qu'avant d'organiser, il fallait connaître l'état psychologique, l'état d'âme des jeunes adultes. Essayons une classification. Proposons quatre groupes : 1° Ceux qui s'instruisent pour meubler leur intelligence, pour devenir plus hommes, ce sont les moins nombreux, est-il besoin de le dire ? 2° ceux qui cherchent à améliorer leur situation, à étendre leur savoir professionnel; jeunes gens si méritants, qu'il faut tant encourager, car celui-là est digne qui compte sur lui-même, sur son travail, pour améliorer son sort et qui y met l'ardeur que les autres consacrent à des moyens plus ou moins licites; 3° la troisième catégorie se compose de ceux qui donnent un effort personnel moindre et qui recherchent les conférencs, les séances récréatives et qui doivent être aussi encouragés dans cette voie. Mais en additionnant ces trois catégories, nous n'obtiendrons pas au total le quart de la quatrième, de celle qui ne trouve aucun attrait ni dans les cours, ni dans les conférences, qui ne se doute même pas qu'elle a besoin de s'instruire, ne le fait pas pour des motifs parfois plausibles, mais surtout aussi pour des causes dangereuses pour l'avenir du pays.

Devant cette situation, les efforts ne menacent-ils pas de rester stériles? A quoi bon modifier les programmes si les bancs de l'école du soir restent vides? Cependant il faut agir, les nations voisines nous en donnent l'exemple. Il ne faut pas que tant de cours d'adultes ouverts à force de dévouement par les instituteurs et les volontaires de l'enseignement, périclitent; il ne faut pas que la lampe du soir ne se rallume pas et que la nuit se fasse lugubre le soir autour de l'école.

Exposé des moyens. — Quelles mesures efficaces va-t-on prendre pour empêcher de treize à vingt ans la déperdition du savoir si péniblement acquis à l'école primaire? Va-t-on laisser se gaspiller les millions dépensés, l'effort dévoué des maîtres! On assure bien sa récolte, il faut aussi assurer les fruits de l'enseignement primaire. Il faut les assurer par la continuation, par le développement de l'instruction acquise à l'école, non pas que par la conférence, mais par les cours qui exigent (ce que n'obtient pas la conférence) assiduité, continuité d'efforts, qui permettent de savoir ce que sait l'auditoire, ce qu'il a compris; qui donnent aux maîtres la possibilité d'approprier leurs leçons à la force, aux besoins des élèves. Cette instruction des adolescents aussi indispensable que la première, il faut qu'elle se répande, se fortifie et s'organise. Elle reposera, comme celle qui est donnée à l'école primaire, sur des notions saines et exactes, positives, sur la neutralité métaphysique et religieuse.

Il faut ambitionner beaucoup pour cet enseignement, pour ces cours d'adolescents et d'adultes. Dans un rêve d'avenir, nous y voyons venir la jeunesse, jeunes gens et jeunes filles, de plus en plus nombreuse, y puisant avec le savoir, le perfectionnement individuel, les idées de solidarité, y trouvant avec l'instruction les idées éducatives. Peu à peu, il faudra bien, par la force même des choses, que le temps matériel et que toutes facilités leur soient donnés pour recevoir cette instruction.

Nous espérons que, plus tard, l'enseignement sortant de son cadre primaire, des professeurs spéciaux seront nécessaires. On les fera venir. Ce n'est pas en tous cas au paysan d'aller le soir chercher l'instruction à la ville, au chef-lieu de canton, c'est l'instruction qui doit venir à lui, jusque dans les petites campagnes.

Il faut que l'instituteur n'ait pas seul toute la charge, il faut qu'il la partage avec ses concitoyens ; l'instruction et surtout l'éducation des adultes doivent être l'œuvre de tous. Autour de lui, l'instituteur doit grouper un des facteurs les plus importants de la rénovation sociale : les amis de l'école, ceux qu'on a appelés les bonnes volontés inconscientes ; ceux qui forment, nous dirons, le *quatrième* ordre d'enseignement ; celui qu'il faut unir aux trois autres ; il a l'importance du nombre ; il leur apporte son argent par les impôts, sa bonne volonté, et, ce qu'il a de plus cher au monde, ses enfants ! Ce serait une faute énorme que de laisser ce quatrième ordre d'enseignement, un tel et si précieux collaborateur, à l'écart.

Mais par quels moyens rendre réalisables ces grands espoirs !

Le vrai, dira-t-on, ce serait de décréter l'obligation des cours d'adultes. Cette obligation existe dans plusieurs Etats de l'Allemagne et dans beaucoup de cantons de la Suisse. N'est-ce pas s'exposer à de dangereux mécomptes, à de sérieuses résistances, que de l'établir brusquement chez nous, sans que les esprits y soient préparés ?

Le Gouvernement en décrétant cette obligation s'obligerait lui-même d'avoir partout des cours d'adultes ; or pour ne pas entraver l'action de l'initiative individuelle et surtout pour des raisons budgétaires, les ministres de l'instruction publique ont successivement déclaré que cette obligation des cours d'adultes n'était pas possible chez nous de longtemps.

Et, d'ailleurs, puisqu'on ne peut encore obtenir rigoureusement la fréquentation scolaire, alors qu'on dit qu'il y a à Paris quarante mille expectants et que les conseils généraux des départements se plaignent amèrement de la non-application de la loi, comment parvenir effectivement à l'obligation des cours d'adultes ? Par quelles commissions ferait-on appliquer cette obligation? Quelles pénalités infligeriez-vous aux parents, aux jeunes hommes ? Ici, il faut compter, autrement qu'à l'école, avec les difficultés, les nécessités impérieuses de l'existence. Tout en désirant voir appliquer cette mesure, nous la jugeons impraticable aujourd'hui, certainement prématurée.

A une obligation réelle, effective, ne pouvant être appliquée maintenant, peut-on substituer une obligation morale, indirecte pour mieux dire? Nous en avons l'extrême conviction. Mais il n'est pas trop des moyens qui viennent de haut et c'est ici que l'intervention de l'Etat doit s'exercer au grand profit de l'instruction et de l'éducation de notre pays.

Moyen proposé. — Le moyen existe déjà. Il est dans la constatation du savoir des conscrits. On sait que, chaque année, cette constatation nous apprend combien la France compte de lettrés et d'illettrés. On juge ainsi des progrès de notre enseignement primaire.

Mais cette constatation, il faut le dire, est telle qu'elle fonctionnait sous Louis-Philippe, alors qu'il n'y avait ni instruction gratuite, ni obligatoire, alors que le suffrage universel n'existait pas. Rappeler cela, c'est nous dispenser de démontrer longuement que cette constatation n'est plus au niveau des progrès de l'enseignement primaire, ni des besoins du suffrage universel.

Nous n'avons plus que 5.3 0/0 de nos jeunes gens ne sachant ni lire ni écrire, alors qu'il y en avait encore 11.5 0/0 en 1885 ; mais pour ne pas faire partie des illettrés que faut-il savoir ? Ne suffit-il pas de déclarer tout simplement qu'on sait lire ou de tracer plus ou moins péniblement son nom ?

Un pareil résultat est acquis aujourd'hui au sortir de l'école maternelle, les bambins savent lire et ils écrivent leur nom. Les pères de famille doivent-ils être satisfaits de penser que le savoir de leurs fils de 5 ou 6 ans, est au niveau de l'examen des conscrits français, des électeurs de demain ! Est-il digne de nous de persévérer dans de telles coutumes? N'y a-t-il pas là une réforme urgente?

Oui, ce mode de constatation doit être modifié. Il doit en tous cas présenter des garanties sérieuses de contrôle et de sincérité. Une autre classification établie depuis peu, plus détaillée, ne nous donne pas plus de garantie ni de contrôle sérieux.

Alors vous voulez un véritable examen, dira-t-on? Véritable, non, car il ne doit conduire à nul mandarinat, il ne doit conférer ni dignités, ni privilèges, ni diplôme. En France, on se récrie contre les examens. Qui, on? Ceux qui les passent et les repassent, c'est-à-dire les fonctionnaires de tout ordre. Quels examens passe le reste de la nation? On serait bien embarrassé de nous le dire. Hors le certificat d'études primaires, et tous ne le subissent pas, à quel autre examen s'astreint la masse des jeunes gens? A aucun autre. La constatation qui existe, cette sorte d'examen si vous voulez, nous le désirons moins rudimentaire, nous le voulons contrôlé, offrant des garanties de sincérité.

Cette constatation nouvelle modifiée du savoir des jeunes gens, sur quelles matières porterait-elle? Celles des études primaires. Elle comporterait une partie écrite et une partie orale, comprenant :

1° Rédaction d'un sujet simple, orthographe et écriture comprises ;

2° Problèmes et questions d'arithmétique ;

3° Lecture (Lecture expliquée avec compte-rendu oral du morceau lu ;)

4° Instruction civique (Histoire et géographie nationales. Gouvernement du pays. Devoirs, droits du citoyen, etc.).

Voilà les grandes lignes de l'examen qui se passerait le jour du tirage au sort ou de la revision, alors que les jeunes gens sont réunis sous la surveillance de l'autorité militaire. Y joindra-t-on plus tard d'autres matières, des questions d'ordre professionnel ou autres?

Pour l'instant, bornons-nous au programme simple indiqué ci-dessus, où les questions de morale, d'éducation peuvent trouver place si l'on veut.

Nous avons à répondre à une autre objection. Cet examen entraînera des frais. Fort peu. Les dépenses en fournitures scolaires seront insignifiantes, les locaux seront les salles de mairie, d'écoles, de collèges, etc. Les examinateurs, bien préparés par une entente préalable pour une notation unique partout, seront seuls à rétribuer; il ne s'agit pas de créer une nouvelle catégorie de fonctionnaires, à pourvoir de nouveaux retraités ; l'examen terminé, ils rentreront dans le rang. Et puis, ne devons-nous pas escompter en faveur de l'œuvre post-scolaire, de cette œuvre d'instruction et de moralisation, les deniers provenant du budget des cultes? L'État républicain ne peut, en effet, continuer toujours de subventionner un système d'enseignement reposant sur des hypothèses et des présomtions, dont les bases sont contraires au libre arbitre, au raisonnement indépendant, et qui, au regard de la Science qui aurait fait faillite, compte dans ses découvertes, depuis le moyen-âge, celles du purgatoire et de l'infaillibilité papale.

En résumé, grâce à l'examen que nous préconisons, on connaîtrait d'une manière autrement plus précise, les résultats de l'enseignement au moment où le jeune homme va devenir un électeur et un citoyen. « Ce n'est pas, en effet, au moment, comme l'a dit un de nos grands ministres de l'Instruction publique, où l'enfant sort de l'école que la société doit dresser le bilan de son savoir; c'est au moment où cet enfant, devenu homme, entre dans la vie pratique. »

On saurait sur quels points doivent porter les réformes ; on verrait mieux quelle direction exacte, ignorée encore, doit être donnée à l'enseignement des adultes.

Et l'on parviendrait ainsi, le point capital pour nous, à l'obligation *morale*, indirecte, de faire venir aux cours officiels et aux cours dus aux vaillantes Sociétés d'enseignement populaire, les jeunes gens qui ne voudraient pas rester sans réponse devant une simple question d'ordre primaire, ni que leur livret militaire portât la trace de leur ignorance. Car la sanction de l'examen serait l'inscription au livret militaire, des notes obtenues, et, pour racheter ce que cette mesure pourrait avoir de sévère, les intéressés seraient toujours admis à se présenter aux époques voulues pour faire modifier une note mauvaise.

Se plaindra-t-on que l'ignorance soit ainsi constatée par les notes du livret ; ne se voit-elle pas, hélas ! sans cela ? L'ignorance doit être combattue, poursuivie sous toutes ses formes, n'est-elle pas une cause manifeste d'infériorité dans la vie, ne constitue-t-elle pas un danger social et national !

Pour conserver l'instruction militaire, on a créé des périodes de vingt-huit, de treize jours ; on fait revenir le citoyen au régiment ; pourquoi n'emploierait-on pas des moyens propres à conserver l'instruction scolaire ?

L'examen serait un puissant moyen d'émulation. Tout jeune homme ne voudrait pas être inférieur à son voisin ; aucune commune ne voudrait être la dernière ; elles rivaliseraient entre elles, s'imposeraient des sacrifices qu'elles récupéreraient par le savoir des jeunes gens. Quel légitime orgueil pour celle dont les fils auraient les meilleures notes ! Et c'est ainsi que la jeunesse reviendrait nombreuse à l'école et que se comblerait en grande partie le vide qui existe entre la sortie de l'école et l'entrée au régiment, ou, pour mieux dire, qui existe de l'école au scrutin.

Cet examen ne serait-il pas le moyen tout indiqué pour porter de plus en plus les esprits vers les questions d'enseignement, pour rompre avec l'indifférence et l'apathie en matière d'instruction ? La nécessité d'une solide instruction primaire se sentirait davantage et la fréquentation de l'école s'en assurerait autrement mieux que par les plus impitoyables commissions scolaires.

Faisons-nous un rêve, caressons-nous une utopie? Mais la question n'est pas nouvelle. Un nombre considérable de membres de l'enseignement approuvent cet examen, un congrès en a adopté à l'unanimité l'organisation, et une nation, la Suisse (1), la pratique depuis vingt ans au grand profit de l'instruction des jeunes gens, à l'unanime satisfaction du pays. Nous reprochera-t-on de prendre exemple sur une nation voisine, mais en fait d'instruction, n'avons-nous pas déjà emprunté à la Suisse ? Et puis la nation qui a accompli la Révo-

(1) La Belgique, les Pays-Bas, possédent aussi un examen des miliciens. L'Italie s'en préoccupe. Dans les Pays-Bas, les miliciens qui ont les meilleures notes à l'examen jouissent de quelques privilèges, comme ceux de choisir leur arme et leur résidence.

lution française et trouvé le système métrique, a prêté assez aux autres pour qu'elle puisse sans rougir leur emprunter à son tour.

Nous concluons en demandant à la F .·. M .·., qui s'est toujours tant occupée d'instruction, qui la considère comme une des bases de l'édifice républicain, un des moyens les plus sûrs de régénération sociale, qui veut la lumière partout, d'apporter à ce projet son appui et sa propagande, son action auprès des siens qui occupent des fonctions électives, son activité auprès de tous, et nous présenterons à l'assemblée générale la proposition suivante, résumée ci-dessous :

« *Il est désirable que le Gouvernement s'inspirant de l'examen des recrues pratiqué par la Suisse, apporte sans retard les modifications nécessaires à la constatation du savoir de nos conscrits, électeurs de demain* ».

Conclusions. — Nous terminerons par la récapitulation des vœux que la L.·. Les Vrais Experts soumet au Convent :

I. Suppression de tout enseignement donné par les Associations dites congréganistes ;

II. Extension du nombre des bourses et exemptions universitaires, sous certaines réserves formulées ;

III. Emploi de moyens propres à rendre très effective la fréquentation scolaire à l'école primaire ;

IV. Mise en application des mesures ayant pour objet la continuation des effets salutaires de l'instruction après la sortie de l'école par le développement des œuvres post-scolaires et surtout par l'enseignement des adolescents et des adultes.

V. Modifications nécessaires et urgentes à la constatation actuelle, si rudimentaire, du savoir des conscrits, en s'inspirant de l'examen des recrues pratiqué par la Suisse.

Pour la L .·. Les Vrais-Experts,
Le Vénérable,
E. Rotival.

Juillet 1899.

Imp. Schiffer, 56, pass. du Caire, Paris.

Organisation de l'Enseignement populaire

Extrait du compte rendu de la séance du Convent du 6 sept. 1900.

A joindre à

8R pièce 23436

Le F.·. *Delpech.* — Je demande aux FF.·. élus membres du Conseil de l'Ordre, la permission de parler en leur nom comme au mien pour vous dire, mes FF.·., que nous sommes profondément touchés de votre témoignage de haute confiance. Notre joie est tempérée par le regret de voir sortir du Conseil les FF.·. qui ont accompli leur période de trois ans.

Connaissant leur dévouement à la Franc-Maçonnerie, nous gardons l'espoir que leur concours effectif et leurs conseils ne nous feront jamais défaut.

A notre tour, mes FF.·., nous vous promettons le dévouement le plus absolu; nous ferons effort pour justifier une confiance manifestée par le Convent avec une entente remarquable. Les Officiers de l'Assemblée ont été élus au premier tour de scrutin ainsi que les onze membres du Conseil de l'Ordre. Il nous est agréable de le constater.

Aujourd'hui et demain, comptez sur notre dévouement le plus absolu à la cause de la République dont nous sommes les fidèles soldats. (*Vifs applaudissements.*)

⁂ Sur l'invitation du F.·. *Fontainas*, les membres du Conseil de l'Ordre quittent l'Assemblée à l'effet de se réunir pour l'élection de leur Bureau.

⁂ Le F.·. *Marcel Huart*, secrétaire-adjoint, donne lecture du compte rendu analytique des quatrième et cinquième séances, qui sont adoptés par l'Assemblée, après observations des FF.·. *Guillard*, *Féris*, *Colin* et *Marcel Huart*.

⁂ Le F.·. *Marcel Huart* a la parole pour une motion d'ordre. — Mes FF.·., il a été lu hier à cette tribune un ensemble de conclusions par notre F.·. Bonnet et, s'il est vrai que l'ensemble de ces conclusions rencontre l'adhésion générale des membres du Convent, il en est, cependant, quelques-unes qu'un certain nombre de Francs-Maçons socialistes, au nom desquels je parle, ne peuvent pas adopter, celles qui, dans notre pensée, portent atteinte à la liberté individuelle.

Le F.·. *Blanchon*, président. — Mais, ce n'est pas là une motion d'ordre.

Le F.·. *Marcel Huart.* — La physionomie des débats, telle qu'elle sera reflétée par le compte rendu sténographique, doit nécessairement comporter, après la lecture des conclusions présentées par notre F.·. Bonnet, les réserves que nous sommes obligés, nous socialistes, de présenter en ce qui concerne ces conclusions. Ce sont, dans notre pensée, pour certaines, des conclusions qui portent atteinte aux principes de la liberté individuelle et qui ne sauraient être adoptées par nous.

Le F.·. *Blanchon*, présidant, donne acte au F.·. Marcel Huart des réserves qu'il vient de formuler.

⁂ Le F.·. *Courbier* obtient la parole pour une motion d'ordre.

Mes FF.·., la L.·. *Union et Solidarité*, O.·. de Montluçon ainsi que plusieurs Loges du Centre (Moulins, Guéret, Limoges, Clermont, etc.) protestent contre le mode d'élection employé pour la nomination des membres du Conseil de l'Ordre, les intrigues de couloir dénaturant complètement le roulement établi pour la représentation proportionnelle et successive de chaque région.

Mes FF.·., je n'ai pas l'intention de récriminer contre les élections qui ont eu lieu et j'ai attendu pour présenter ma protestation que les FF.·. élus soient installés ; ce que je viens faire à cette tribune, — les délégués de différentes Loges m'ont donné mandat de le faire, — c'est protester contre les agisssements, peu fraternels à l'égard des LL.·. du Centre et qui ont précédé les élections. Nous avons pour tous les FF.·. élus les sentiments de la plus franche sympathie, mais nous constatons avec regret que le F.·. Pinguet, de l'O.·. de Moulins, ayant quitté cette année le Conseil de l'Ordre, n'a pas été remplacé par un F.·. de la région du Centre, contrairement aux précédents.

— L'incident est clos.

⁂ Le F.·. *Lecoq*, rapporteur de la Commission des Études politiques et sociales. — Mes FF.·., la Commission des Études politiques et sociales a été saisie d'un très grand nombre de vœux concernant l'enseignement ; de ces vœux, les uns portent sur des points particuliers, les autres, comme ceux des Loges de Toulon, d'Angers et surtout de Toulouse, portent sur une réforme complète et sur une refonte de notre système d'enseignement. J'aurai la faveur de vous présenter, à la suite de mon rapport, les points principaux et particuliers visés par les vœux auxquels je viens de faire allusion ; mais la Commission a pensé qu'il était nécessaire, pour la clarté de la discussion, et surtout pour le bon ordre des travaux maçonniques, qu'on fît précéder cette discussion d'une sorte de rapport général afin que nous pussions établir la base maçonnique d'une réforme de l'enseignement ; je le ferai aussi brièvement que possible, aussi brièvement que le comportera la clarté de mon sujet.

Ce que je voudrais faire, à l'heure où les questions de l'enseignement sont complètement à l'ordre du jour, à l'heure où on s'aperçoit que dans toute question politique et dans toute question sociale, il y a une part de questions d'éducation, ce que je voudrais faire, mes FF.·., ce serait indiquer les principes qui doivent guider notre activité en matière de réforme de l'enseignement.

Vous savez que la Chambre a nommé une Commission d'enquête parlementaire chargée de découvrir le mal dont souffre notre système d'éducation et de rechercher les remèdes qu'on peut y apporter. Je ne voudrais pas contrister le cœur de ceux de nos FF.·. qui appartiennent au Parlement, et qui font partie de cette Commission, dans laquelle le Conseil de l'Ordre est représenté ; je sais qu'ils ne sont pas responsables de ce que les débats, quelque considérables qu'ils aient été, ont été rapetissés et amoindris dans leurs conclusions par l'esprit systématiquement opposé à toute réforme fondamentale que possède le président de cette Commission. (*Applaudissements.*)

Lorsqu'on voit devant soi l'étalage considérable des lourds volumes produits par cette enquête, il est impossible de ne pas faire une réflexion fâcheuse et, puisqu'on a cité souvent La Fontaine à cette tribune, de ne pas penser à cette montagne en travail qui accouchait d'une souris ridicule !

Ce qui sortira de cette Commission d'enquête, de cette

vaste consultation où tant de lumières ont été prodiguées, où tant de talent a été apporté? il n'en sortira presque rien, parce que les conclusions seront mesurées à la largeur de l'esprit de celui qui dirigeait les débats, et vous savez que l'honorable M. Ribot est d'un esprit volontairement mesquin et d'une conviction politique suffisamment timide pour expliquer cet avortement lamentable. (*Nouveaux applaudissements.*)

Nous avons le devoir, nous autres Maçons, qui avons la prétention de diriger le mouvement démocratique, nous avons le devoir de reprendre cette besogne et de montrer comment on travaille, lorsqu'on s'inspire réellement des principes démocratiques.

Anticipant, dès le commencement, sur les conclusions que j'aurai la faveur de vous présenter tout à l'heure, au nom de la Commission des études politiques et sociales, je voudrais vous indiquer, tout de suite, que nous avons l'intention de vous demander de renvoyer aux Loges, comme vous l'avez fait l'année dernière pour des questions d'une égale importance, pour celle des retraites ouvrières, pour celle de la dépopulation, de renvoyer, dis-je, aux Loges l'étude de la question de la réforme de l'enseignement, afin qu'il y ait une vaste consultation de la Maçonnerie et que nous puissions, l'année prochaine, arriver ici avec une statistique qui vous montrera quelles sont les idées directrices de la Maçonnerie en matière d'enseignement. Mais il nous a semblé que si nous nous contentions de vous dire : Priez les Loges d'étudier à fond la question, nous n'aurions pas suffisamment préparé le travail de l'année prochaine, et que nous n'aurions pas fait suffisante besogne.

Nous voudrions donc indiquer, et c'est là la portée du rapport général que j'ai la faveur de vous présenter, quels sont les principes véritablement républicains, démocratiques, par conséquent maçonniques, de la réforme de l'enseignement; nous voulons, en quelque sorte, planter des jalons qui serviront à montrer quelle est la route que nous avons la prétention de suivre; nous voulons, en d'autres termes, tracer le vaste cadre dans lequel se placera l'activité maçonnique en matière d'enseignement.

Et, entrant tout de suite dans mon sujet, je tiens à vous déclarer au nom de la Commission que nous pensons qu'il y a une question politique qui domine la réforme tout entière, une question politique d'une importance telle, que, si on ne la résoud pas, tout risque d'avorter; cette question politique, mes FF.·., vous savez déjà quelle elle est : nous pensons que la première base de toute réforme de l'enseignement, c'est l'abrogation de la loi Falloux et le retour au monopole d'Etat en matière d'enseignement primaire et secondaire. (*Applaudissements.*)

Mes FF.·., je n'insisterai pas devant des Maçons, et surtout devant l'émanation suprême de la Maçonnerie qu'est le Convent, sur une question sur laquelle nous savons, par des votes répétés, que vos convictions sont faites; nous avons l'intention de faire reprendre par l'Etat ce qui est souverainement à lui, et d'obtenir enfin dans ce pays, par l'unité d'enseignement, l'unité morale. (*Nouveaux applaudissements.*)

Maintenant, cette question politique étant une fois vidée et complètement éclaircie, nous pensons qu'il faut d'abord poser le principe suivant, c'est que toute réforme de l'enseignement doit s'inspirer de l'esprit laïque, en d'autres termes qu'il faut laïciser l'enseignement laïque. A l'heure actuelle, que ce soit à l'Ecole primaire, que ce soit dans les Ecoles secondaires, nous avons encore, d'une part, lorsqu'il s'agit d'enseignement moral et philosophique un enseignement confessionnel et religieux, d'autre part, quand il s'agit de l'enseignement de l'histoire, nous avons un enseignement monarchique, un enseignement militariste; or, nous voulons qu'on substitue à l'enseignement religieux, l'enseignement moral, l'enseignement philosophique, et à la conception militariste de l'histoire, l'enseignement démocratique et économique de l'histoire. (*Bravos!*)

On prétend que l'enseignement laïque, c'est un argument que vous connaissez tous pour avoir eu à le réfuter, manque de base morale; eh bien! nous voulons, nous demandons, qu'on montre d'une façon visible, tangible en quelque sorte, que l'enseignement laïque n'a pas besoin d'être échafaudé sur une morale religieuse pour être moralisateur et efficace. Nous avons, dans les annales révolutionnaires, le testament que nous ont laissé nos pères, nous avons le symbole de la morale laïque dans la Déclaration des Droits de l'Homme et du Citoyen, nous voulons que l'esprit laïque se manifeste d'une façon pour ainsi dire éclatante, par l'importance de la place donnée dans notre enseignement à la Déclaration des Droits de l'Homme et du Citoyen ; nous ne voulons pas seulement, comme on l'a demandé l'année dernière au Convent, qu'on l'affiche dans toutes les salles de classe ; et notez que nous le demandons, non seulement pour les écoles laïques, mais, comme cette déclaration est essentiellement neutre et respecte toutes les consciences, nous voudrions qu'on en fît une obligation même aux écoles congréganistes ; nous ne nous contenterions pas seulement de l'affichage, nous demandons plus encore, nous demandons que les livres portent au verso de la couverture la Déclaration des Droits de l'Homme et du Citoyen, nous demandons que cette déclaration soit lue et commentée d'une façon régulière par des conférences obligatoires dans toutes les écoles primaires et secondaires, et nous demandons qu'un ministre ait enfin le courage d'inscrire dans tous les programmes d'examens élémentaires, certificat d'études primaires, brevet simple, brevet supérieur, baccalauréats de toutes sortes, la Déclaration des Droits de l'Homme et du Citoyen.

Nous le demandons, parce que, tant qu'il y aura des baccalauréats, et tant qu'il y aura des écoles congréganistes qui y prépareront, nous voulons au moins nous donner cette satisfaction que les élèves des écoles congréganistes, les malheureux enfants qu'on aura soumis à cette éducation de torture et de diminution de la conscience, aient au moins une fois la révélation de ce que la raison laïque proclame par la Déclaration des Droits de l'Homme et du Citoyen. (*Applaudissements.*)

Voilà, mes FF.·., la base morale laïque, que nous voulons donner à l'éducation. A côté de ce premier principe directeur, je vais vous en exposer un autre : nous voudrions que l'éducation respirât un peu plus l'esprit moderne. A l'heure actuelle, toute notre éducation, secondaire surtout, est comme un vieux bâtiment du moyen-âge qu'on aurait conservé dans une ville toute moderne; nous n'avons pas encore pu faire pénétrer l'air et la lumière dans la vieille bâtisse, dans le vieux cloître que nous avons hérité des jésuites et que Napoléon Ier avait transformé en caserne! Nous voulons que l'on comprenne que l'Ecole n'est pas destinée à l'Ecole, mais qu'elle est destinée à la vie, et nous voulons qu'on admette, comme premier principe, qu'il doit y avoir un rapport perpétuel entre la vie et l'École; nous voulons que l'éducation soit en rapport avec les exigences de la vie moderne; nous voulons que les études secondaires ne soient en rien diminuées; nous ne voulons pas que les études académiques disparaissent, que les vieilles qualités de l'esprit classique s'amoindrissent; bien au contraire, nous voulons fortifier ces études libérales, mais en les réservant à ceux-là seuls qui pourront être dignes de les aborder. Nous voulons surtout qu'on n'aille pas faire éterniser dans nos classes et dans nos lycées des enfants qui y viennent uniquement pour y faire nombre; nous voudrions établir un enseignement moderne qui permît d'avoir en France des hommes d'action, des hommes d'une valeur pratique.

Par conséquent, à côté de l'esprit laïque, il faut faire régner dans l'éducation l'esprit moderne.

Enfin, pour terminer ce court exposé, nous voudrions aussi que la même Ecole reçût tous les enfants d'un même pays. A l'heure actuelle, en laisant même de côté les écoles congréganistes et la concurrence qu'elles font à l'Etat, en supposant, ce que nous demandons tous, ce que nous appelons de nos vœux, que l'enseignement congréganiste ait disparu et que la législation que nous réclamons soit intervenue, il y aurait encore cependant deux catégories dans l'éducation : il y aurait les enfants qui apprendraient les premiers éléments dans les écoles primaires, et il y aurait les enfants qui, pour apprendre les mêmes choses, iraient dans les écoles secondaires; eh bien! il faut donner une base résolument démocratique et égalitaire à notre enseignement; il faut que les classes primaires reçoivent tous les enfants appartenant à toutes les classes de la nation; qu'il n'y ait plus de ces compartiments, de ces divisions, et que les enfants du même pays, ceux qui sont favorisés de la fortune, comme ceux qui sont nés dans les rangs du peuple, s'assoient sur les mêmes bancs et communient au moins sur les bancs de la jeunesse dans une véritable camaraderie. (*Applaudissements.*)

Mes FF.·., j'en ai fini avec mon exposé général; je vais maintenant avoir la faveur de vous lire le projet de résolution que je vous présente au nom de la Commission dont je fais partie :

L'Assemblée générale :

1° Se prononce énergiquement une fois de plus en faveur de l'abrogation de la loi Falloux et de l'établissement du monopole d'État en matière d'enseignement primaire et secondaire ;

2° Demande que, par une réforme profonde, un véritable esprit laïque soit introduit dans l'enseignement à tous les degrés auquel on donnera comme base morale et philosophique, la Déclaration des Droits de l'Homme, qui sera non seulement affichée dans toutes les salles de classe, mais encore commentée dans des conférences obligatoires et portée aux programmes de tous les examens élémentaires, certificats d'études, brevets et baccalauréats (tant qu'ils existeront) ;

3° Demande également que les programmes soient remaniés de manière à être mis en harmonie avec les besoins de la vie présente ;

4° Déclare que dans une démocratie les lois doivent réunir tous les enfants d'un même pays sans distinction de classe ou de fortune.

Et renvoie à l'étude des Loges, comme base de travail général, les réformes de l'Enseignement proposées par les LL.·. *La Parfaite Harmonie* et *Les Vrais Amis réunis*, à l'O.·. de Toulouse, telles qu'elles sont exposées dans une brochure qui a été distribuée aux LL.·. et qui sont fondées sur les principes suivants :

1° Enseignement primaire obligatoire donné à tous dans les écoles primaires, cet enseignement étant supprimé dans les écoles secondaires ;

2° Obligation pour les élèves qui voudront poursuivre leurs études et auront subi les examens du certificat d'études primaires, de passer par l'enseignement primaire supérieur ou enseignement moyen pour continuer, soit par l'enseignement secondaire classique ou moderne, soit par un enseignement professionnel adopté aux besoins spéciaux des diverses régions ;

3° Suppression du baccalauréat qui sera remplacé par un certificat d'études secondaires.

Voilà le projet de résolution sur lequel je vous prie de voter, afin que nous puissions, si vous lui donnez votre

autre chose que mes forces, si je consulte mon cœur, ma conscience et ma volonté profonde de combattre et de lutter pendant toute ma vie pour la Maçonnerie, je n'hésite plus ; j'hésite d'autant moins que je sais que je peux compter sur le concours bienveillant de tous les membres du Conseil de l'Ordre, comme je peux compter sur le concours de tous les membres de l'Assemblée. (*Applaudissements.*)

Je sais également que les conseils de ceux qui viennent de nous quitter ne nous feront pas défaut et, parmi ceux-là, je cite tout naturellement celui qui a si dignement occupé ces fonctions durant l'année qui vient de s'écouler, le F.·. Louis Lucipia, qui ne sera plus à côté de nous, il est vrai, sur les bancs du Conseil de l'Ordre, mais qui viendra chaque fois qu'on fera appel à son dévouement, à son zèle et à son esprit éclairé. (*Nouveaux applaudissements.*)

Je n'aurai qu'à me rappeler son exemple et soyez persuadés, mes FF.·., que, se règlant sur cet exemple et encouragé et poussé par tous les membres du Conseil de l'Ordre, votre Président fera tous ses efforts pour que la Franc Maçonnerie, au lieu de reculer, marche de plus en plus en avant ; si elle est attaquée à nouveau, soyez convaincus que celui entre les mains duquel vous avez mis le drapeau ne reculera pas, car sa devise a toujours été : En avant, toujours en avant. (*Applaudissements.*)

Je prie les membres du Bureau de se joindre à moi pour porter une triple batterie de remercîments à l'Assemblée tout entière, aux FF.·. nouvellement élus et aux FF.·. qui viennent de nous quitter.

(*Les membres du Bureau du Conseil de l'Ordre tirent une triple et chaleureuse batterie.*)

Le F.·. *Delpech* reprend le maillet de la présidence.

Le F.·. *Lecoq*, rapporteur de la Commission des études politiques et sociales. — Mes FF.·., je vais maintenant entrer dans le détail des vœux qui ont été apportés à la commission des études politiques et sociales par les différentes loges.

Enseignement

La L.·. *Travail et Perfection*, O.·. d'Angers, a envoyé toute une série de vœux ainsi conçus :

La L.·. *Travail et Perfection* d'Angers.

Considérant que l'Enseignement libre est, en France, le monopole exclusif des Congrégations et qu'il constitue par son esprit et ses tendances un danger social ;

Considérant que si l'État doit la liberté absolue à tous les intérêts privés, il a le devoir de défendre tous les intérêts sociaux ;

Considérant que l'instruction publique est incontestablement le premier des intérêts sociaux,

Emet le vœu :

1° Que la loi Falloux soit abrogée;

2° Que l'État reprenne le monopole de l'Enseignement.

La L.·. *Travail et Perfection*, d'Angers,

Considérant que l'instruction intégrale n'est dans l'état actuel de notre société qu'une généreuse utopie, qui comme toutes les utopies ne doit pas retenir les hommes d'action;

Se prononce contre l'instruction intégrale, mais,

Considérant que notre enseignement primaire ne répond pas aux besoins d'une société démocratique,

Emet le vœu :

1° Que les lois scolaires soient intégralement observées ;

2° Que l'obligation soit portée à 14 ans ;

3° Que les cours d'adultes, les patronages scolaires, soient officiellement créés et comme tels subventionnés par les communes, les départements et l'État ;

4° Que l'enseignement professionnel soit étendu et dirigé dans un but essentiellement pratique, répondant aux besoins de l'industrie, de l'agriculture et du commerce des diverses régions de France;

5° Que le nombre des bourses soit augmenté. Que ces bourses ne soient plus attribuées à la suite d'un examen qui généralement ne prouve rien, mais d'après les notes de scolarité obtenues par les élèves.

Considérant que les efforts des établissements d'Enseignement secondaire tendent surtout à former des bacheliers et non des caractères et des hommes;

Considérant en outre que cet enseignement est inabordable pour la plupart des élèves en raison des frais énormes qu'il occasionne,

Emet le vœu :

1° Que le baccalauréat soit supprimé comme couronnement des études d'Enseignement secondaire et qu'il devienne le 1er grade d'enseignement supérieur ;

2° Que les frais soient diminués ;

3° Que le nombre des bourses soit étendu ;

4° Que ces bourses soient plus équitablement réparties.

Considérant que l'inégalité entre les hommes naît surtout de leur différence de culture intellectuelle,

La L.·. *Travail et Perfection* émet le vœu :

1° Que l'Enseignement supérieur donné dans les facultés soit gratuit ;

2° Que les droits d'inscription aux divers examens soient supprimés.

La Commission donne un avis favorable.

— Adopté, sur conclusions conformes du F.·. Orateur.

*** Le F.·. *Lecoq*, rapporteur. — Voici un autre vœu :

Le soussigné, délégué de la L.·. *Les Arts Réunis*, O.·. de Mâcon, demande au Convent Maçonn.·. de 1900 d'émettre le vœu qu'une campagne active soit entreprise dans le but d'empêcher le vote par le Parlement, de la loi sur l'Enseignement secondaire qu'on désigne sous le nom de projet Ribot.

La Commission donne un avis favorable.

— Adopté, sur conclusions conformes du F.·. Orateur.

*** Le F.·. *Lecoq*, rapporteur. — Vœu de la L.·. *L'Union Lozérienne*, O.·. de Mende.

Considérant que le baccalauréat est immoral et anti-démocratique, la Loge émet le vœu :

1° Que le baccalauréat ne soit, en l'état actuel, maintenu qu'à titre purement honorifique ;

2° Qu'il soit constitué un diplôme de fin d'études secondaires délivré par un jury siégeant dans chaque établissement secondaire public et composé des professeurs de l'établissement sous la présidence d'un délégué du ministre de l'Instruction Publique ;

3° Que ce diplôme soit accordé aux seuls candidats ayant suivi régulièrement les trois dernières années du cours d'études de l'enseignement secondaire dans les établissements de l'Etat.

Cela rentre dans le cadre des études qui vont être proposées à la Maçonnerie ; je demande à l'Assemblée de prendre ce vœu en considération pour qu'il soit renvoyé à l'étude des Loges à la suite du rapport que nous avons fait.

— Adopté, sur conclusions conformes du F.·. Orateur.

Le F.·. *Delpech*, président. — Peut-être y aurait-il intérêt à remplacer cette épithète « immoral » par une autre ; elle manque de clarté.

Le F.·. *Lecoq*. — Cette épithète n'est pas de moi, mais de la L.·. *L'Union Lozérienne*, je ne puis la changer. Le rapport est très bien fait : il y a les mots « immoral » et « anti-démocratique » ; nous savons très bien ce que nous voulons dire par ce mot « immoral »; nous voulons dire qu'à l'heure actuelle la préoccupation souveraine des candidats n'est pas de préparer cet examen, mais d'avoir sur eux-mêmes ce qu'il faut pour passer l'examen.

Je le répète : l'expression n'est pas de moi; je ne peux toucher à un texte qui ne m'appartient pas; maintenant, vous pouvez demander au F.·. Dequaire, qui représente la L.·. *L'Union Lozérienne*, de changer le mot; il le fera certainement.

Le F.·. *Delpech*, président. — C'est entendu... Continuez...

⁂ Le F.·. *Lecoq*, rapporteur. — Un vœu de la L.·. *Le Progrès*, O.·. de St-Geniès-de-Malgoires, ainsi conçu :

Considérant qu'il faut rechercher tous les moyens de faire pénétrer dans le peuple la connaissance des principes renfermés dans la Déclaration des Droits de l'homme et du Citoyen.

Emet le vœu :

1° La Déclaration des Droits de l'homme et du Citoyen figurera sur la liste des morceaux choisis exigée de tous les candidats admis aux épreuves écrites du Certificat d'Etudes primaires;

2° Cette déclaration sera aussi inscrite sur tous les livrets militaires.

La L.·. *Les Amis des Hautes-Alpes*, O.·. de Gap, a émis le vœu suivant :

La L.·. *Les Amis des Hautes-Alpes*, O.·. de Gap, émet le vœu que des exemplaires de la Déclaration des Droits de l'Homme soient placés dans chaque école et que les enfants en passant d'une classe à l'autre l'aient constamment sous les yeux depuis l'Ecole maternelle jusqu'aux Ecoles supérieures, Lycée, St-Cyr et Polytechnique, dont les élèves sortis des jésuitières la verront pour la première fois. Enfin elle devra être commentée, à différentes reprises, par les instituteurs, les professeurs en faisant l'objet d'une solennité scolaire.

En outre, elle devra être placée dans les salles des tribunaux, mairies, justices de paix, casernes. Cette glorification de la justice et du droit devra être faite dans le plus court délai.

Ces deux vœux ont déjà été adoptés.

Vœu de la L.·. *La Réunion*, O.·. de Toulon.

Suppression immédiate des bourses dans les établissements de l'Etat aux pères de famille qui, ayant plusieurs enfants, font élever ceux qui sont à leur charge dans les écoles congréganistes. Attributions de toutes les bourses au concours et par le ministère de l'instruction publique.

Enseignement

La Commission donne un avis favorable.

— Adopté, sur conclusions conformes du F.·. Orateur.

⁂ Le F.·. *Lecoq*, rapporteur. — Le délégué de la L.·. *L'Humanité*, O.·. de Nevers, émet le vœu suivant :

Que les notes secrètes soient supprimées dans l'enseignement secondaire, tout au moins au point de vue professionnel.

La Commission donne un avis favorable.

— Adopté, sur conclusions conformes du F.·. Orateur.

⁂ Le F.·. *Delpech*, président. — Le F.·. de Lanessan va prêter son obligation. (*Bravos*).

F.·. de Lanessan, vous avez été élu tout à l'heure membre du Conseil de l'Ordre ; à ce titre je vous demande de prêter l'obligation que voici : « Je promets d'observer fidèlement en qualité de membre du Conseil de l'Ordre la Constitution et le Règlement Général de l'Ordre. »

(*Le F.·. de Lanessan prête cette obligation.*)

Le F.·. *Delpech*, président. — Cette élection n'a rien de banal ; aux hommages que vous venez d'adresser au F.·. de Lanessan, ministre de la marine, je joins les félicitations personnelles du parlementaire républicain, Président de cette Assemlée. Ceci est une chose unique dans l'histoire de la Maçonnerie, un bon exemple de courage et de droiture politiques donné aux membres du Parlement français. (*Applaudissements.*) Nous savons que, trop souvent, certains républicains arrivés au pouvoir, ne se sont pas montrés dignes de la confiance que nous leur avions accordée. L'exemple que vous donnez, F.·. de Lanessan, devrait être chose ordinaire dans le généreux pays de France. Espérons qu'il sera suivi. (*Applaudissements.*)

⁂ Le F.·. *Bascan*. — Vous venez de voter la suppression des notes secrètes dans l'enseignement secondaire...

Plusieurs FF.·.. — Ce n'est pas voté.

Le F.·. *Bascan*. — Je crois que si, mais peu importe... On vient de rapporter le vœu d'un F.·. de Nevers tendant à supprimer les notes secrètes dans l'enseignement secondaire; permettez-moi d'étendre ce vœu à l'enseignement primaire tout entier, et de vous demander que, dans l'enseignement primaire comme dans l'enseignement secondaire, les rapports secrets soient supprimés.

Le F.·. *Colin*. — MM.·. FF.·., je ne viens pas parler ici seulement en mon nom personnel, mais aussi au nom d'un certain nombre de délégués appartenant à l'enseignement qui m'ont chargé de signaler des faits qui se sont produits, grâce aux notes secrètes.

Dernièrement, dans un lycée du centre de la France, un professeur qui est un républicain convaincu (c'est un de nos FF.·.), a été victime de notes secrètes qui, si mes souvenirs sont bien exacts, étaient ainsi conçues : « Professeur plus que médiocre ; n'a l'estime et la sympathie ni de ses élèves, ni des parents de ceux-ci, ni de ses collègues. »

Or, ce professeur, qui est au contraire un homme de valeur, était très estimé de ses élèves, de leurs parents et surtout de ses collègues.

Il y a donc ici une de ces calomnies dont Victor Hugo a dit : « Elles sont comme le ver solitaire dont on ne voit jamais la tête. » Ici non plus, on ne voit pas la tête ; c'est-à-dire qu'on ignore de qui émanent ces notes secrètes. Est-ce du censeur, du proviseur, de l'inspecteur d'académie ? Personne ne le sait ; en tout cas, elles existent. Mais, dans le ver solitaire, on voit le corps, qu'on n'a même pas le droit de découvrir dans ces calomnies : ces notes demeurent invisibles. Le professeur qui en est victime ne peut pas amender sa conduite s'il y a lieu de le faire et, dans le cas où les reproches sont immérités, il ne peut se faire rendre justice.

Comme le F.·. Bascan, je demande que le vœu s'applique aussi bien à l'enseignement primaire qu'à l'enseignement secondaire ; pour donner une sanction véritable et réelle à ce vœu, je propose au Convent de charger le Conseil de l'Ordre de faire des démarches auprès du ministre de l'instruction publique, afin que la réforme soit accomplie, et de décider que le Conseil de l'Ordre sera invité à fournir au prochain Convent le résultat de ses efforts.

Enseignement

Le F.·. *Massé.* — Mes FF.·., si je demande la parole, c'est pour venir confirmer les renseignements qui viennent de vous être donnés. J'ai été intimement mêlé à l'incident dont il s'agit, puisque le professeur dont on vient de parler, qui est en même temps un républicain très militant et un maçon ardent et convaincu, — notre F.·. appartient à la même loge que moi — m'a prié d'intervenir, comme député, auprès du ministre de l'instruction publique.

Je suis allé voir l'inspecteur de l'enseignement secondaire, qui m'a communiqué le dossier; lorsque j'ai dit à notre F.·. X... dans quels termes étaient conçues les notes de son dossier, il m'a répondu que cela était impossible attendu que son proviseur et ses inspecteurs généraux et d'académie lui avaient donné des notes absolument différentes. Il en résulte que, dans le fait qui nous occupe, on avait montré au F.·. X... de bonnes notes et qu'on avait envoyé au ministère des notes défavorables.

Si je vous donne ces détails, c'est pour appuyer la motion du F.·. Colin. Mais je dois, comme membre de la Commission de l'enseignement à la Chambre, vous donner une autre indication : Lorsque le ministre de l'instruction publique a été convoqué devant nous, c'est moi-même qui lui ai posé la question, je lui ai demandé si les notes secrètes existaient encore. Il m'a répondu que c'était une légende entretenue par les membres de l'enseignement, mais que depuis longtemps les notes secrètes n'existaient plus.

Je crois que les conclusions du rapporteur sont absolument logiques et parfaitement équitables et, en ce qui me concerne, je vous promets, comme membre de la Commission de l'enseignement, comme membre du Conseil de l'Ordre et comme député, de faire tous mes efforts pour que les notes secrètes soient bien dorénavant une légende et non pas une réalité.

Le F.·. *Lecoq*, rapporteur. — Il ne nous est pas désagréable de voir en contradiction l'inspecteur général et le ministre. Notre F.·. Massé doit savoir ce que lui a répondu l'inspecteur général lorsqu'il lui a parlé des notes secrètes, il a dit : « Il y a des choses qu'on ne peut pas dire. » Vous voyez comment on nous traite : on nous traite absolument comme sous l'empire, parce que l'esprit administratif est resté absolument le même.

Le F.·. *Delpech*, président. — Je crois qu'il serait bon de donner à ce vœu un caractère très général, car les notes secrètes se donnent aussi, je dirai même surtout, dans l'armée.....; je connais des faits véritablement abominables.

J'en conclus que ce vœu devrait avoir un caractère général et être conçu en termes tels qu'il s'appliquât à toutes les administrations.

Le F.·. *Lecoq*, rapporteur. — La Commission accepte la généralisation de ce vœu à tous les fonctionnaires.

— Adopté, sur conclusions favorables du F.·. Orateur.

⁂ Le F.·. *Lecoq*, rapporteur. — Vœu de la L.·. *La Réunion*, O.·. de Toulon, demandant :

« L'application de la loi sur l'instruction obligatoire. »

La Commission émet un avis favorable.

— Adopté, sur conclusions conformes du F.·. Orateur.

⁂ Le F.·. *Lecoq*, rapporteur :

Le Groupe Fraternel des FF.·. MM.·. Membres de l'Enseignement exprime le vœu que la loi sur la neutralité scolaire, au point de vue confessionnel, soit rigoureusement appliquée.

La Commission émet un avis favorable.

— Adopté, sur conclusions conformes du F.·. Orateur.

⁂ Le F.·. *Lecoq*, rapporteur. — La L.·. *Thémis*, O.·. de Caen, exprime le vœu :

Qu'il soit interdit aux fonctionnaires de faire instruire leurs enfants dans les écoles congréganistes ;

Et, qu'en attendant cette interdiction, aucun fonctionnaire dont les enfants sont instruits dans les écoles congréganistes ne puisse faire partie des délégations cantonales et des diverses commissions d'examen.

La Commission émet un avis favorable.

— Adopté, sur conclusions conformes du F.·. Orateur.

⁂ Le F.·. *Lecoq*, rapporteur. — La L.·. *La Lumière du Nord*, O.·. de Lille, demande :

1° Que l'Assemblée générale étudie et renvoie à l'étude des LL.·. les

Enseignement

voies et moyens pour réorganiser le parti républicain dans toute la France;

2° Que le G.·. O.·. D.·. F.·. agisse auprès des députés et sénateurs qui appartiennent à la Franc-Maçonnerie pour qu'ils travaillent à faire introduire dans la loi de 1882 sur l'enseignement primaire, un texte interdisant aux instituteurs de conduire leurs élèves aux exercices religieux ;

3° Que dès la rentrée d'octobre les fonctionnaires de tous ordres soient mis en demeure de placer leurs enfants dans les établissements d'enseignement de l'Etat ;

4° Que le texte de la loi qui interdit les prières dans les écoles soit respecté.

La Commission donne un avis favorable à ces divers vœux.

— Adopté, sur conclusions conformes du F.·. Orateur.

⁂ Le F.·. *Lecoq*, rapporteur.— Le groupe fraternel des membres de l'enseignement a déposé un vœu relatif à la *Laïcisation des Ecoles de filles.*

Vous savez que jusqu'à présent les différents ministres se sont refusés à indiquer les dates auxquelles les différentes laïcisations des écoles de filles seraient terminées. Les inspecteurs d'académie ne laïcisent que quand ils sont forcés et ne peuvent faire autrement ; nous demandons qu'on indique une date à laquelle il ne devra plus y avoir une seule école de filles qui soit congréganiste.

Le F.·. *Edgar Monteil.* — Il n'y a qu'à demander l'exécution de la loi, car elle porte la date pour la laïcisation. C'est par suite de temporisation et de non-observation de la loi que tout n'est pas encore laïcisé.

Le F.·. *Delpech*, président. — Nous connaissons au moins un inspecteur d'académie qui fait de la laïcisation avec beaucoup de bonne voloté.

— Adopté, sur conclusions conformes du F.·. Orateur.

⁂ Le F.·. *Lecoq*, rapporteur. — Autre vœu du même groupe, ainsi conçu :

Obtenir du gouvernement d'imposer à tous ses actionnaires l'obligation de faire instruire leurs enfants dans les écoles publiques et de considérer comme un acte d'infidélité, une trahison envers la République de leur part le fait de les envoyer dans les écoles congréganistes.

La Commission donne un avis favorable.

— Adopté, sur conclusions conformes du F.·. Orateur.

Enseignement populaire

⁂ Le F.·. *Lecoq*, rapporteur. — La L.·. *Les Vertus Réunies*, O.·. de Vitry-le-François émet le vœu suivant :

La L.·. *Les Vertus réunies*, O.·. de Vitry-le-François, après examen des dangers pouvant résulter de l'usage et surtout de l'abus des boissons fermentées ou spiritueuses, a émis le vœu que le Conseil de l'Ordre prenne toutes mesures propres à assurer la participation active de la Franc-Maçonnerie au mouvement de propagande *anti-alcoolique*, entrepris, depuis quelques années, dans le pays.

En l'Assemblée générale de 1899, le samedi 23 septembre, la commission des vœux (le F.·. Bordet, rapporteur) a émis sur ce vœu un avis favorable.

Et cet avis a été *adopté*, sur les conclusions conformes du F.·. Orateur.

Aucune des mesures sollicitées n'ayant, à ce jour, été prise,

Le délégué de ladite Loge, en exécution des résolutions votées par cet At.·., en la tenue du 21 juillet de la présente année,

Renouvelle le vœu dont le texte se trouve reproduit d'autre part.

Tout en exprimant un avis favorable, la Commission estime que ce vœu rentre dans les conclusions qui ont été votées hier à propos du vœu sur la dépopulation.

— Adopté, sur conclusions conformes du F.·. Orateur.

⁂ Le F.·. *Lecoq*, rapporteur. — La L.·. *La Bonne Foi*, O.·. de Saint-Germain-en-Laye, émet les vœux suivants :

1° Le Grand Orient de France décide que l'Enseignement encyclopédique populaire sera organisé par le Conseil de l'Ordre, qui élaborera le plan rationel de cet enseignement (sciences physiques, naturelles, historiques, politiques, philosophiques, littérature) ;

2° Cet enseignement sera répandu par des conférences publiques et des cours organisés par les Loges. Un règlement fixera le nombre de conférences annuelles, obligatoires pour chaque Loge;

3° Pour rendre aux Loges leur tâche plus aisée et plus féconde, le Grand-Orient fera rédiger et imprimer, conformément au plan arrêté, une série de conférences ou leçons, qui seront envoyées aux Loges, et serviront de thème aux conférenciers ;

4° Le Grand-Orient aidera les Loges dans l'achat ou le prêt de lanternes à projections et de vues sur verre;

5° Des morceaux choisis de prose ou de vers seront réunis et catalogués au Grand-Orient pour être envoyés aux Loges, et faciliter la partie littéraire de l'enseignement.

Ce vœu, mes FF.·., vise un mouvement qui se produit autour de nous, qui est excellent et que la Maçonnerie doit protéger... et, si vous voulez me permettre de vous donner tous mes sentiments de Maçon, un mouvement dans lequel la Maçonnerie n'aurait pas dû se laisser distancer par les profanes ; en effet, j'ai eu l'occasion de fonder des univer-

⁂ Le F.·. *Lecoq*, rapporteur. — La L.·. *La Parfaite Union*, O.·. de Rodez émet le vœu suivant :

1° Que les aumôniers de lycées et collèges soient supprimés ;
2° Que, par mesure transitoire, on applique rigoureusement le règlement qui leur interdit de loger dans l'intérieur des établissements d'enseignement secondaire.

Sur cette question, qui revient tous les ans au Convent, il ne peut y avoir de discussion ; nous sommes d'avis qu'il faudrait que l'instruction religieuse ne fût pas donnée dans les lycées et collèges....

Il faudrait supprimer les aumôniers et, tout au moins, en attendant, les remettre à leur place, car ils figurent encore dans le palmarès et dans le Bottin lui-même comme faisant partie de l'administration ; vous verrez, en effet, qu'on y indique le proviseur, le censeur, l'économe et l'aumônier.

La Commission vous demande donc d'adopter entièrement le vœu de nos FF.·. de Rodez.

— Adopté, sur conclusions conformes du F.·. Orateur.

Le F.·. *Edgar Monteil.* — Dans les lycées de jeunes filles, les aumôniers n'entrent pas de droit, ils n'y entrent que lorsqu'il y a une demande expresse des directrices ; or, je sais de nombreuses directrices qui, malheureusement, réclament à cor et à cri l'entrée de l'aumônier dans les lycées.

⁂ Le F.·. *Lecoq*, rapporteur. — Vœu du groupe fraternel des membres de l'enseignement :

Qu'une liste soit dressée et adressée à toutes les Loges des livres classiques écrits par nos FF.·., et surtout remise aux membres de l'enseignement.

Il importerait que des ouvrages de lecture, de récitation, de morale, d'instruction civique, de science, etc..., même des livres de prix et des livres pour bibliothèques scolaires, fussent écrits dans l'esprit qui nous anime et répandus à profusion pour combattre les trop nombreux ouvrages à tendance cléricale dont nous sommes inondés.

Mes FF.·., sur ce point là, je crois que tout le monde sera unanime. Lorsque par bonheur nous avons un Maçon dans l'Administration, et je connais quelques lycées où le censeur est Maçon, nous arrivons à faire passer des livres

Nous pensons également que la Franc-Maçonnerie, n'a pas le droit de se désintéresser de ce mouvement fécond duquel on peut attendre de bons fruits. Mais nous croyons qu'il y a des précautions très grandes à prendre. Si la Franc-Maçonnerie rédigeait un programme identique pour toute la France, applicable partout sans tenir compte des besoins locaux, sans tenir compte aussi de la suspicion que la Franc-Maçonnerie exerce dans certains milieux cléricaux, notamment dans l'Ouest, il pourrait en résulter de sérieux inconvénients pour l'œuvre que nous voulons favoriser.

Par conséquent, je me rallie au principe du vœu déposé par nos FF.·. de Saint-Germain-en-Laye, à savoir que l'enseignement post-scolaire doit être favorisé par tous les moyens, et que la Franc-Maçonnerie doit s'y intéresser de toutes ses forces. Toutefois, je demande qu'on se garde bien de confier au Conseil de l'Ordre la tâche de rédiger un programme d'éducation populaire identique pour toute la France.

Le F.·. *Fulconis*. — Je ne suis pas d'accord avec le F.·. Lecoq... La Ligue de l'enseignement a tout ce qu'il faut pour faire des projections, il suffit de s'adresser à elle, elle envoie gratuitement tout ce qui est nécessaire; par conséquent le G.·. O.·. n'aurait aucune dépense à faire.

Le F.·. *Lecoq*, rapporteur. — Je me suis sans doute mal exprimé, puisque je n'ai pas été compris. Il me semble avoir dit cependant que nous ne devions pas mettre la Maçonnerie en concurrence avec la Ligue de l'Enseignement. En effet, nous aurions tort d'aller établir un nouveau service de projections, alors qu'il y en a un à la Ligue de l'Enseignement. Nous demandons une collaboration de la Maçonnerie au mouvement d'éducation populaire que sont les Universités Populaires; nous estimons qu'il faut inviter les Maçons à fonder des groupes d'éducation sociale là où il n'y en a pas. Nous demandons qu'on envoie ce vœu à l'étude des Loges, afin qu'elles jugent ce qu'elles peuvent faire dans leurs Orients.

Nous sommes donc d'accord sur le principe et nous demandons que les Loges étudient les moyens.

Le F.·. *Bédarride.* — C'est comme président d'une Société d'instruction que je me permets de prendre la parole.

Cette société d'instruction a été en réalité fondée dans nos ateliers. La Maçonnerie marseillaise s'était demandé comment on pouvait résoudre ce problème de la propagande comme instruction et de l'enseignement pris au point de vue spécial et technique, mais en l'imprégnant des idées maçonniques. On s'est arrêté à ce système qui est assez pratique : agir sous forme profane par l'initiative des Loges.

Je crois, mes FF.·., que là on peut avoir des résultats excellents qui ne poussent pas la Maçonnerie à faire concurrence aux œuvres existantes qui ont toujours prêté leur appui complet à l'instruction populaire et à l'enseignement pris sous n'importe quelle forme, à commencer par la Ligue de l'enseignement.

Sans faire concurrence à ces œuvres, la Maçonnerie peut susciter de tous les côtés des mouvements et arriver, sous forme profane, à mettre sur pied dans le monde extérieur, des œuvres nouvelles, à encourager et à développer celles qui existent et à être en dessous le grand excitateur de toutes les floraisons des œuvres d'instruction populaire et démocratique.

Je me joins donc au rapporteur, mais en insistant sur ce point que, sans faire concurrence à la Ligue de l'enseignement, c'est-à-dire sans avoir l'air et sans affecter de prendre la direction du mouvement en main, on peut efficacement faire un travail considérable, un travail de tous les jours et de tous les moments, non seulement pour cultiver et élargir l'intelligence humaine, l'esprit des hommes dans le sens général et indépendant du mot, mais aussi pour sauvegarder autant que possible le patrimoine philosophique de nos générations qui ont bien besoin — vous le savez plus que personne — qu'on leur rappelle de temps à autre; les vieilles traditions républicaines, démocratiques de la Révolution et du dix-huitième siècle qui, après

Enseignement populaire

avoir fécondé la fin du dix-huitième siècle, peuvent encore en les combinant avec les idées de notre siècle, féconder l'aurore du vingtième siècle et produire des mouvements des plus salutaires.

Je demande donc qu'aux conclusions de la Commission s'ajoute cette idée que la Franc-Maçonnerie, sans prendre la direction du mouvement et sans faire concurrence à la Ligue de l'enseignement et aux ligues similaires, se donne comme rôle dans tous les Orients — cela s'est déjà fait dans un certain nombre d'Orients, mais cela doit se faire partout — se donne comme rôle de créer des Sociétés d'enseignement et de développer celles qui existent déjà.

Le F.·. *Lecoq*, rapporteur. — Je m'associe aux idées du F.·. Bédarride ; je suis d'avis que ce qu'il a dit soit ajouté à mes conclusions, car tel était bien le fond de la pensée de la Commission.

— Adopté, sur conclusions conformes du F.·. Orateur.

⁂ Le F.·. *Lecoq*, rapporteur. — Le Groupe fraternel de l'enseignement émet le vœu :

1° Que la séparation des Eglises et de l'Etat soit réalisée par la suppression du Budget des Cultes ;

2° Que les Congrégations dites religieuses, autorisées ou non, soient supprimées et que leurs biens soient confisqués au profit de l'Etat pour constituer une Caisse de retraites aux invalides du travail ;

3° Que les LL.·. dépendant de la Fédération soient invitées à exercer une influence énergique sur leurs membres faisant partie du Parlement, pour la réalisation de ces réformes.

Nous donnons un avis favorable à ce vœu qui a été porté bien des fois devant le Convent.

— Adopté, sur conclusions conformes du F.·. Orateur.

⁂ Le F.·. *Lecoq*, rapporteur. — La L.·. *Le Réveil du Béarn*, O.·. de Pau, émet le vœu que :

Chaque fois que l'intervention des sénateurs et députés Francs-Maçons sera sollicitée en faveur des profanes, ils veuillent bien demander aux LL.·. du lieu de leur résidence ou aux LL.·. voisines, des renseignements sur la situation morale, politique et sur le mérite des candidats.

Ils sont sûrs de trouver auprès des LL.·. les garanties nécessaires pour éviter le retour des faits qui se sont produits.

La Commission, tout en rendant hommage à l'esprit qui a animé la Loge de Pau et tout en recommandant cette pratique, quand il sera possible de le faire, à nos FF.·. membres du Parlement ou détenant une partie quelconque de puissance administrative, ne peut donner un avis favorable, parce qu'il serait impossible pratiquement à chacun de nos FF.·. de faire une dépense de temps et quelquefois d'argent assez considérable pour faire une enquête utile ; si, toutes les fois qu'un membre du Parlement appartenant à la Maçonnerie reçoit une recommandation, il était obligé d'écrire à la Loge, il triplerait sa besogne.

Nous demandons donc au Convent de passer à l'ordre du jour ; nous ne pouvons pas faire de cela une obligation à nos élus, qui souvent seraient obligés de se mettre en faute par nécessité même.

Le F.·. *Desmons.* — La proposition faite par la Loge de Pau est excellente en elle-même ; très souvent, en effet, députés et sénateurs, nous recevons des demandes nombreuses de membres de différentes Loges et il serait heureux que nous ayons des renseignements sur chacun des FF.·. qui s'adressent à nous, mais le temps nous manque. Je ne veux pas, mes FF.·., vous citer des faits ; mais vous me permettrez de vous dire que chacun de nous, député ou sénateur, recevons 6 ou 7,000 lettres par an ; sur ce nombre, il y en a 4,000 de Maçons ; il nous serait donc impossible de réaliser le vœu émis par la Loge de Pau.

Mais puisque l'occasion s'en présente, permettez-moi de vous faire une proposition qui pourra peut-être nous réunir tous : ce serait d'exiger de la part de tous ceux de nos FF.·. qui ont à s'adresser à un député ou à un sénateur de ne s'adresser à lui que par l'intermédiaire de leurs Loges ; nous éviterions ainsi le temps perdu et nous serions sûrs de ne jamais faire fausse route, car il peut arriver que, n'étant pas sûrs de la qualité maç.·. de l'intéressé, nous recommandions quelqu'un qui n'en est pas digne.

Je crois que la proposition que je vous soumets nous permettrait d'arriver à un meilleur résultat.

Le F.·. *Lecoq*, rapporteur. — Le F.·. Desmons vient de

www.ingramcontent.com/pod-product-compliance
Ingram Content Group UK Ltd.
Pitfield, Milton Keynes, MK11 3LW, UK
UKHW022149190726
13855UKWH00004B/1410

9 782013 056441